# Kräuter
# Küche

### für

# Kreative

# Wie groß ist der Appetit?

## Brotzeit. Mahlzeit!

Für einen Kräuteraufstrich brauchen Sie lediglich Topfen, gehackte (Wild-)Kräuter sowie Salz und Pfeffer. Ein „echter" Topfenkäse wird's, wenn Sie etwas Sauerrahm und fein gehackte Jungzwiebeln hinzufügen. Zum Liptauer fehlen dann nur noch ein wenig Senf, Paprikapulver, Kümmel und fein gehackte Essiggurkerl. Oben drauf Schnittlauch, der darf nie fehlen.

Schnittlauch ist es auch, der ein simples Butterbrot in eine wahre Delikatesse verwandelt. Allerdings bieten Kräuter so viele weitere Möglichkeiten für g'schmackige Brotaufstriche, ich muss einfach immer wieder Neues ausprobieren.

## Alles in Butter.

Verrühren Sie frisch gehackte Kräuter (Basilikum, Kresse, Liebstöckel, Kerbel, Dille – Ihrer Phantasie sind keine Grenzen gesetzt!) sowie etwas Salz mit zimmerwarmer Butter. Geriebene Zitronenschale dazu oder ein wenig Senf, gehackte Sardellen oder Kapern? Erlaubt ist, was gefällt. Vergessen Sie nicht, die Kräuter-Butter vor dem Servieren 1–2 Stunden kühl zu stellen.

## Dip, dip, hurra!

Joghurt, Salz und Pfeffer – schon kann es losgehen. Mit diesen Grundzutaten haben Sie schon fast alles zur Hand, was Sie für einen feinen Dip brauchen, den Sie zu Rohkost, gebratenem Fleisch, Erdäpfeln oder allerlei Gegrilltem servieren können.

Wer's ein wenig orientalisch möchte, ergänzt das Joghurt mit fein gehackter Minze, zuvor heiß abgespült, damit die ätherischen Öle schneller ihr Aroma entfalten. Dazu kommen Kreuzkümmel-pulver und abgeriebene Zitronen-schale. Den Pfeffer kann man durch Chilipulver oder Piment d'Espelette ersetzen.

Einen anderen Charakter be-kommt der Dip mit Schnittlauch, fein gehacktem Knoblauch, fein gehackten Zwiebeln, Schnitt-knoblauch, Knoblauchsrauke oder anderen Wildkräutern, Oliven-oder verschiedenen Würzölen. Etwas Rahm oder griechisches Joghurt dazu, dann wird die Kon-sistenz noch ein wenig molliger.

## Genuss ohne Reue.

Zwiebel und Knoblauch sind Bestandteil vieler Kräuterrezepte, werden jedoch von manchen Menschen gar nicht gut vertragen. Diese beiden Tricks machen die Zutaten bekömmlicher:

Legen Sie gehackte oder geschnittene Zwiebeln für mindestens 15 Minuten in Essig ein. Das reduziert nicht nur deren Schärfe, sondern macht sie leichter verdaulich.

Knoblauchgeschmack „ohne Nebenwirkungen" erreichen Sie mit Knoblauchöl: Klein gehackten oder gepressten Knoblauch für mindestens eine Stunde, besser über Nacht in Olivenöl ziehen lassen, abseihen, fertig!

## Pesto, presto!

Ein originales „Pesto Genovese" besteht aus Basilikum, Knoblauch, Olivenöl, Hartkäse und Pinienkernen. Das eher umständliche Zerstampfen („pestare") bzw. Mörsern können Sie ebenso gut sein lassen wie das akribische Festhalten an der Rezeptur.

Ob Sauerampfer, Oregano, Petersilie, Bärlauch, Minze, Liebstöckel oder Dille: Das Öl bringt den Geschmack (fast) eines jeden Krauts erst so richtig zur Entfaltung. Verwenden Sie bestes Olivenöl (kalt gepresst), bei zarten Kräutern darf es Sonnenblumenöl sein, aber auch Kernöl (für Liebstöckel) schmeckt toll. Die Kräuter landen gemeinsam mit dem Öl im Standmixer oder werden mit dem Pürierstab zerkleinert.

Das nussige Aroma muss nicht von Pinienkernen kommen. Walnüsse, Mandeln, Haselnüsse, Pistazien, Kürbis-, Sonnenblumen- oder Cashewkerne oder was Sie noch übrighaben – alles darf rein.

Pecorino und Parmesan sind die Klassiker, aber auch Manchego oder würzige heimische Käse bringen einen molligen Geschmack in die Sauce. Die braucht's nicht für jedes Rezept, deshalb lasse ich den Käse häufig weg, genauso wie den Knoblauch.

Wenn durch das Pürieren der Kräuter die Farbe leidet, gebe ich etwas Zitronensaft dazu. Die Säure gleiche ich mit Zucker aus. Abgeschmeckt mit Salz und Pfeffer, manchmal mit etwas abgeriebener Schale einer Zitrone – mmmhm!

# Schlürfen

★ ☆ ☆  Laie

# KRÄUTER-
# SIRUP

1 großer Bund Kräuter
3 l Wasser
5 dag Zitronensäure
2 Bio-Zitronen
3 kg Zucker

---

Saubere Kräuter mit Wasser, Zitronensäure und in Scheiben geschnittenen Zitronen in einen Kübel geben. Die Kräuter sollten mit Wasser bedeckt sein; eventuell legen Sie einen Teller obenauf. 24 Stunden stehen lassen, Flüssigkeit durch ein Tuch abseihen und mit dem Zucker 3 Minuten kochen. In sterile Flaschen füllen und verschließen.

Für einen Sirup eignen sich nicht nur die Klassiker Zitronenmelisse oder Holunderblüten. Probieren Sie einmal Minze, Thymian, Quendel (= wilder Thymian), Rosmarin, Salbei, Zitronenverbene, Eberraute oder eine individuelle Kräutermischung aus.

In kleine Flaschen gefüllt ist ein selbstgemachter Kräuter-Sirup ein feines Mitbringsel.

Verdünnen Sie den Sirup etwa im Verhältnis 1:6 mit Wasser oder Soda. Für einen Aperitif können Sie den Sirup mit Sekt oder Prosecco aufgießen. Kräuter-Sirupe eignen sich außerdem hervorragend zum Marinieren von Früchten oder als Würze für Salate und ersetzen dann Zucker oder Honig in den jeweiligen Rezepten.

# KRÄUTER-
# BITTER

20 dag Fichtenporling (= Rotrandiger Baumschwamm)
6 Stängel Rosmarin
1 Bund Thymian
1 Sternanis
15 Wacholderbeeren
1 Nelke
¾ kg Kandiszucker
1 ½ l Wodka

---

Schneiden Sie den gesäuberten Schwamm möglichst frisch (dann ist
er noch nicht so hart) mit einem scharfen Messer in dünne Scheiben.
Sie können diese trocknen lassen oder den Liköransatz gleich machen.
In einem großen Schraubglas die Pilzscheiben mit Kandiszucker bedecken
und mit Wodka (alternativ Obstler) aufgießen. Vier Wochen ziehen lassen.
Danach die Kräuter und Gewürze hinzufügen. Einmal sanft durchschütteln,
damit alle Teile von der Flüssigkeit bedeckt sind. Weitere vier Wochen
stehen lassen, durch ein Tuch abseihen und in sterile Flaschen füllen.

Wenn Sie keinen Schwamm als Basis für Ihren Magenbitter verwenden
möchten, nehmen Sie mehr von den Kräutern und Gewürzen. Es lohnt
sich, unterschiedliche Varianten auszuprobieren, zum Beispiel mit Kümmel,
Fenchelsamen, Schafgarbe, Beifuß, Löwenzahnwurzel, Hopfenblüten
oder Ingwer.

Der Rotrandige Baumschwamm (Fomitopsis pinicola) ist in unseren
heimischen Wäldern weit verbreitet auf Baumstümpfen von Laub- und
Nadelbäumen zu finden. Er ist leicht zu erkennen. Um jedoch auf Num-
mer sicher zu gehen, vergleichen Sie den Schwamm mit Abbildungen
aus einem Pilzbuch oder auf einschlägigen Webseiten.

★ ☆ ☆  Laie

# KRÄUTER-
# WASSER

1 Bund Kräuter
1 l kaltes Wasser
Früchte – je nach Gusto

---

Erfrischung pur, ohne Kalorien und trotzdem köstlich im Geschmack.
Die Rede ist von Wasser, das mit Kräutern aromatisiert wird.

Spülen Sie Minze, Zitronenverbene oder Zitronenmelisse kurz mit heißem
Wasser (aus der Leitung) ab. Dann können sich die ätherischen Öle schneller entfalten und das Wasser ist schon nach wenigen Minuten aromatisiert
und zum Servieren bereit.

Auch andere Kräuter wie Thymian, australisches Zitronenblatt, Lavendel
(das ganze Kraut), verschiedene Salbeisorten (Ananas-, Pfirsichsalbei usw.)
eignen sich hervorragend zum Ansetzen von Kräuter-Wasser.

Ergänzen Sie die Kräuter je nach Gusto und Verfügbarkeit mit Apfel-
oder Pfirsichscheiben, Melonenstücken, Erdbeeren oder – den Klassikern –
Zitronen und Orangen (mit unbehandelter Schale oder, noch besser, bio).

# ERBSEN-MINZ-SUPPE

1 TL Butter
1 Schalotte oder kleine Zwiebel
20 dag Erbsen (tiefgekühlt)
1 Bund Minze
⅛ l Schlagobers
10 dag Crème fraîche
1 TL Zitronensaft
Salz, Pfeffer
etwas Minz-Sirup, wenn vorhanden

---

Schalotte oder Zwiebel kleinwürfelig schneiden und in der zerlassenen Butter anschwitzen. Die Erbsen hinzufügen und mit ¼ l Wasser (oder Gemüsefond) ablöschen. Die Minze dazugeben und alles zugedeckt 10 Minuten köcheln lassen.

Die Minze herausnehmen, 1 EL Crème fraîche sowie das Schlagobers einrühren und mit dem Stabmixer fein pürieren. Mit etwas Zitronensaft, Salz und Pfeffer abschmecken.

Die Suppe in tiefen Tellern anrichten. Die restliche Crème fraîche mit einem Spritzer Minz-Sirup verrühren, salzen, mit zwei Löffeln Nockerl formen und auf die Suppe setzen.

# KALTE GURKENSUPPE MIT DILL-ÖL

1–1 ½ Gurken
5 dag griechisches Joghurt
10 dag Naturjoghurt
1 EL Olivenöl
1 EL Mandeln, gehobelt
1 Zehe Knoblauch, geschält
Salz, Pfeffer

Dill-Öl:
7 dag Dille, grob gehackt
5 dag Blattspinat
100 ml Rapsöl
Eiswürfel

---

Dille und Spinat in kochendes Wasser geben und 2 Minuten blanchieren. Abgießen, abschrecken und sofort mit Eiswürfeln bedecken, damit die Farbe erhalten bleibt. Die Kräuter gut ausdrücken, hacken und mit dem Öl im Standmixer mixen. Durch ein feines Sieb abseihen und in eine sterile Flasche füllen. Dieses Kräuter-Öl ist im Kühlschrank etwa 2–3 Monate haltbar.

Gurken schälen, entkernen und in grobe Stücke schneiden. Knoblauch hacken oder pressen. Beides gemeinsam mit Joghurt, Salz und Pfeffer im Standmixer fein pürieren und kaltstellen. Die Mandelblättchen in Olivenöl vorsichtig braten, bis sie Farbe nehmen. Nach längstens 3–4 Minuten sind sie fertig.

Die Suppe in Schalen gießen, mit den Mandeln und etwas Dill-Öl garnieren. Wenn Sie Borretsch-, Schnittlauch- oder Bärlauch-Blüten zur Hand haben – umso hübscher!

Statt dem Dill-Öl können Sie auch Knoblauch-Öl verwenden:
Gepressten Knoblauch in Olivenöl so lang wie möglich ziehen lassen. Abseihen. Fertig!

★ ★ ☆ Anfänger

# THYMIAN-KAROTTENSUPPE

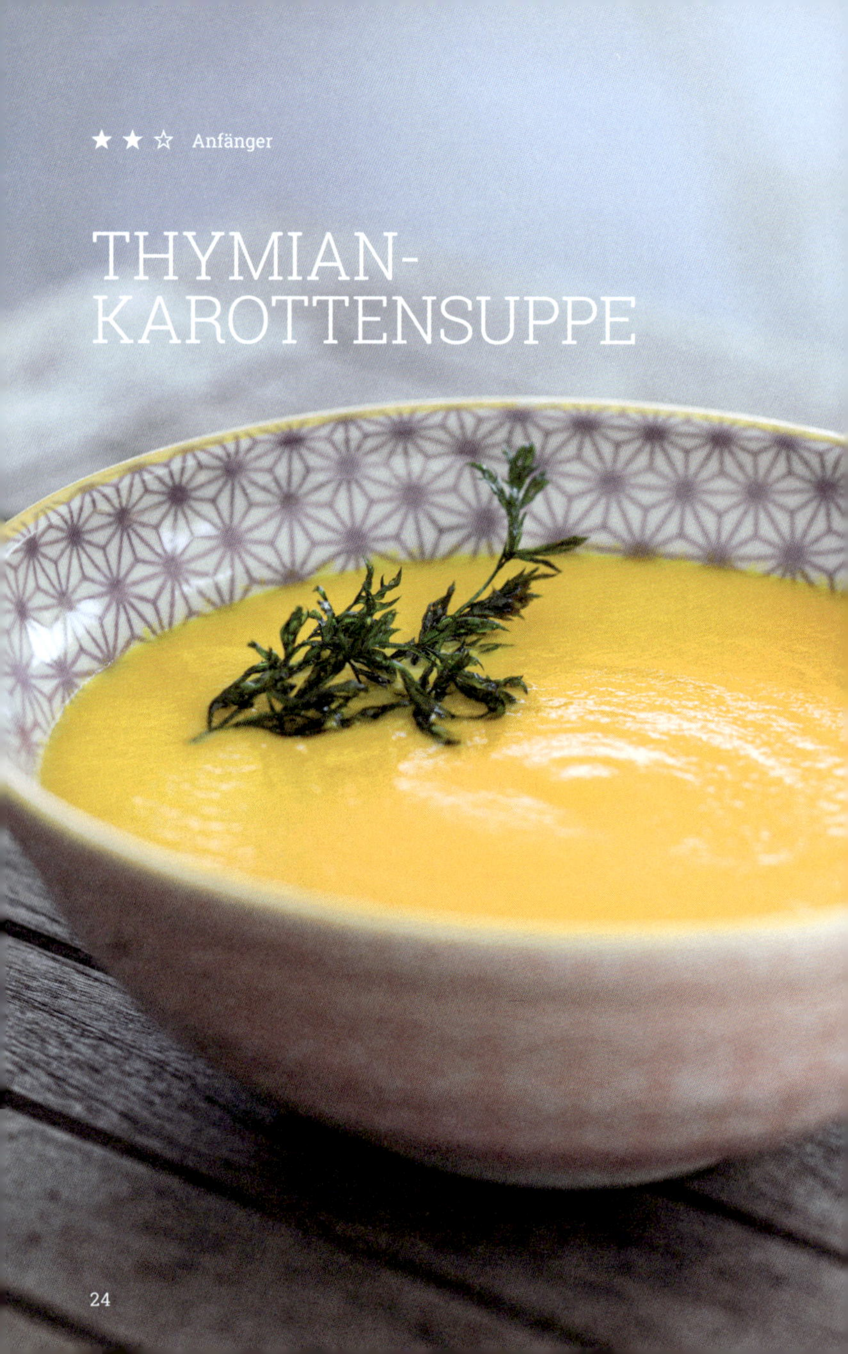

½ kg Karotten
1 Schalotte oder kleine Zwiebel
3 EL Butter
¾ l Gemüsefond
200 ml Schlagobers
1 Bund Thymian
1 Stück Ingwer (3 cm)
1 Messerspitze Kurkuma
Salz, Pfeffer

---

Schalotte oder Zwiebel kleinwürfelig schneiden und in der zerlassenen Butter glasig anschwitzen. Karotten schälen, in Scheiben schneiden und gemeinsam mit den Zwiebeln anlaufen lassen. Mit Gemüsefond (oder Wasser) ablöschen, die Thymianzweige sowie das Ingwerstück hinzufügen und alles zugedeckt 8–10 Minuten köcheln lassen.

Ingwer und Thymian herausnehmen, Schlagobers und Kurkuma hinzufügen, kurz aufkochen und die Suppe mit dem Stabmixer fein pürieren. Mit Salz und Pfeffer würzen.

Haben Sie Karottengrün oder Petersilie zu Hause? Geben Sie ca. 2–3 cm hoch Speiseöl in einen kleinen Topf, erhitzen Sie dieses auf 180 °C und frittieren Sie das Kraut darin. Sicherheitshalber sollten Sie ein Spritzgitter parat haben, um den Topf kurz abzudecken. Frittiertes Kraut auf Küchenpapier abtropfen lassen und die Suppe damit garnieren. Sieht einfach toll aus!

# Gustieren

★ ★ ☆ Anfänger

# KRÄUTER-OMELETT MIT TOPFENFÜLLUNG

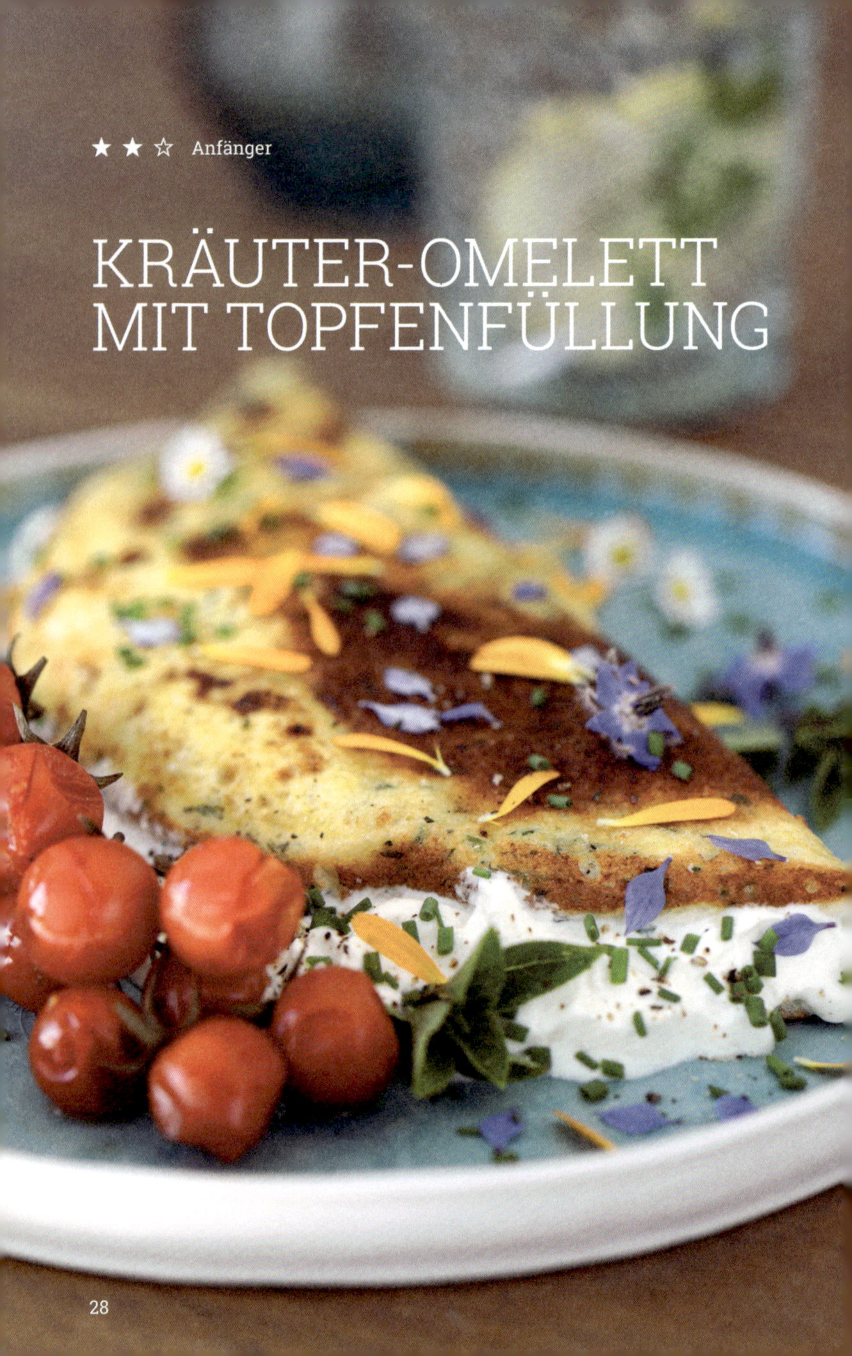

für 1 Portion

2 EL gemischte Kräuter, gehackt
2 Eier
¹⁄₁₆ l Milch
½ EL Butter
1 EL geriebener Hartkäse
1 Rispe Cocktailparadeiser
3 EL Topfen (von Kuh, Schaf oder Ziege)
Schnittlauch, essbare Blüten
Salz, Pfeffer

---

Die Paradeiser-Rispe auf ein mit Backpapier belegtes Blech legen und im vorgeheizten Backrohr bei 200 °C ca. 15–20 Minuten backen.

Dotter mit Milch verquirlen, Käse und klein gehackte Kräuter unterrühren, salzen und pfeffern. Die Eiweiße zu Schnee schlagen und unterheben. Butter in einer beschichteten Pfanne bei mittlerer Hitze schmelzen und die Eiermischung darin 6–7 Minuten stocken lassen.

Den Topfen mit dem Schnittlauch vermischen und auf eine Hälfte des Omeletts geben, die andere Hälfte vorsichtig darüber klappen. Auf einem Teller gemeinsam mit den Paradeisern anrichten. Letztere salzen, pfeffern und alles mit gehackten Kräutern sowie essbaren Blüten (Gänseblümchen, Borretsch, Löwenzahn, Ringelblumen, Bärlauch – was immer Sie finden) bestreuen.

Für ein Kräuter-Omelett eignen sich nicht nur Gartenkräuter wie Petersilie, Schnittknoblauch, Basilikum, Oregano, Dille & Co., sondern auch Wildkräuter (Giersch, Brennnessel, Löwenzahn usw.) oder Spinat, Rucola bzw. Mangold.

# LAMMBRIES AUF WILDKRÄUTER-SALAT

30 dag Lammbries (ersatzweise Kalbsbries)
2 Handvoll Wildkräuter
1 kleiner Bund frischer Salbei
2 EL Butter

Marinade:
je 1 EL Weinessig und Aceto balsamico
1 TL scharfer Senf
½ TL Honig
4 EL Olivenöl
Salz, Pfeffer

---

Das Bries in kaltem Wasser waschen, rasch mit Küchenpapier abtrocknen und zuputzen, indem Sie Häutchen und Adern entfernen. In mundgerechte Stücke schneiden.

Wildkräuter (alternativ Salat bzw. Jungspinat) waschen und gut schleudern, damit die Blätter möglichst trocken sind. Salbei in dünne Streifen schneiden. Die Zutaten der Marinade verquirlen.

In einer Pfanne 1 EL Butter erhitzen und die Briesstücke auf beiden Seiten je etwa 2 Minuten anbraten, bis sie Farbe nehmen. Die Temperatur reduzieren, die Pfanne zudecken und 5 Minuten bei geringer Hitze weitergaren, damit das Fleisch innen zart und rosig bleibt. Währenddessen den Salbei in 1 EL Butter anschwitzen. Den Salat marinieren. Die Wildkräuter auf Tellern anrichten und – wenn verfügbar – mit Basilikum- und Thymian-Blüten dekorieren. Nun das Bries mit dem Salbei vermischen und nochmals für 1 Minute gemeinsam durchschwenken. Kräftig salzen, pfeffern und zum Salat geben.

★ ★ ☆  Anfänger

# OFEN-KARFIOL MIT SAUERAMPFER-DIP

Beilage für 4 Personen

1 Karfiol
2 EL Olivenöl, Salz

Sauerampfer-Öl:
2 Handvoll Sauerampfer
2 EL gehackte Petersilie
⅛ l Olivenöl
½ Bio-Zitrone (Abrieb und Saft)
1 TL Zucker
Salz, Pfeffer

Dip:
125 ml Crème fraîche
¼ l Naturjoghurt

---

Den Karfiol kalt abspülen. Die Blätter nicht wegschneiden, sondern das Gemüse im Ganzen auf ein mit Backpapier belegtes Blech setzen. Mit Öl bestreichen, salzen und im vorgeheizten Backrohr bei 230 °C etwa 30–45 Minuten grillen. Die Blätter dürfen durchaus schwarz werden, denn sie werden ohnedies nicht mitgegessen.

Sauerampfer grob hacken. Zusammen mit der Petersilie, dem Öl, dem Saft sowie der abgeriebenen Schale der Zitrone, Zucker und den Gewürzen im Standmixer pürieren.

Crème fraîche mit Joghurt glattrühren und mit dem Sauerampferöl anrichten.

Den Karfiol erst am Tisch in Stücke schneiden. Eine einfache, aber spektakuläre Beilage – zum Beispiel zu gegrilltem Fleisch. Reste vom Öl oder vom Dip servieren Sie am besten zu Ofen-Erdäpfeln, Wedges oder Grillgemüse.

★ ★ ☆  Anfänger

# WASSERMELONEN-SALAT MIT FETA UND KRÄUTER-PESTO

2–3 Scheiben Wassermelone
60 dag Feta
1 Handvoll Salatblätter
1 Handvoll Stachelbeeren
1 EL Olivenöl
Salz, Pfeffer

Kräuter-Pesto:
1 Bund Basilikum
2 EL frischer Oregano
⅛ l Olivenöl
2 EL geschälte, geriebene Mandeln
Salz

---

Die Wassermelone zunächst in etwa 1 cm dicke Scheiben und danach in Dreiecke schneiden. Nicht schälen, denn das sieht später beim Anrichten interessanter aus (auch wenn man die Schale natürlich nicht mitisst). Jungen Spinat, Rucola, Vogerlsalat oder Fette Henne (wie im Bild) waschen und trockenschleudern, Stachelbeeren halbieren.

Für das Pesto Basilikum und Oregano grob hacken, mit Olivenöl, Mandeln und etwas Salz im Standmixer pürieren. Wenn die Masse zu dickflüssig ist, noch etwas Öl hinzufügen.

In einer Pfanne Olivenöl erhitzen, die Fruchtscheiben einlegen und die Temperatur etwas zurücknehmen. Einseitig etwa 3 Minuten anbraten, salzen und pfeffern.

Die Melone mit der angebratenen Seite nach oben auf flachen Tellern anrichten, Stachelbeeren und Salat dazugeben, den Feta darüberbröseln und mit dem Pesto (oder einem Teil davon) beträufeln.

Übrig gebliebenes Pesto in ein Schraubglas füllen und mit Olivenöl bedecken. Im Kühlschrank hält es 2–3 Wochen.

# BURRATA MIT GEBRATENEN THYMIAN-MARILLEN

1 Handvoll Rucola, Grünkohl oder Petersilie
Speiseöl zum Frittieren
2 Kugeln Burrata oder Büffelmozzarella
6–8 Marillen
1 EL Thymianblätter
1 EL Butter
1 TL Zucker
½ Bio-Zitrone (Abrieb und Saft)
2 EL Olivenöl
Salz, Pfeffer

---

Speiseöl etwa 2–3 cm hoch in einem kleinen Topf auf 180 °C erhitzen. Nach und nach die Kräuter bzw. Salatblätter darin frittieren. Legen Sie vorher ein Spritzgitter bereit, um den Topf kurz abzudecken, sobald Sie die Blätter ins heiße Öl geben. Das knusprige, aber noch grüne Kraut auf Küchenpapier abtropfen lassen.

Marillen halbieren und entkernen, Thymianblätter abzupfen. Butter in einer Pfanne erhitzen, aber nicht braun werden lassen. Die Marillen mit der Innenseite anbraten, wenden, etwas zuckern, mit Thymian bestreuen und nochmals kurz auf der Innenseite braten.

Den Mozzarella mit den Marillen und den frittierten Blättern anrichten, etwas Zitronenschale darüber reiben. Mit Zitronensaft und Olivenöl beträufeln. Wenn vorhanden, mit ein paar essbaren Blüten garnieren.

## Mozzarella ist nicht Mozzarella.

Beim Mozzarella sollten Sie sich den geringfügig teureren Büffel-mozzarella gönnen, denn sowohl Geschmack als auch Konsistenz sind unvergleichlich. Sie werden den herkömmlichen Mozzarella in Hinkunft links liegen lassen, da bin ich sicher!

Der Begriff Burrata bedeutet „gebuttert". Das Innere der Mozzarella-Kugel ist nämlich mit Panna und Mozzarellastückchen, der sogenann-ten „Stracciatella di bufala", gefüllt. Diese spezielle, rahmig-süße Note ist unwiderstehlich.

## Caprese einmal anders.

Die klassische Kombination, benannt nach der paradiesischen Insel vor Neapel, ist ein Dauerbrenner, längst nicht nur in der italienischen Küche. Grund genug, auch einmal neue Variationen auszuprobieren.

Geben Sie Rispenparadeiser für 15–20 Minuten bei 200 °C ins vorgeheiz-te Backrohr und servieren Sie diese noch lauwarm mit dem Frischkäse. Statt Olivenöl und Basilikum könnten Sie eine der Pesto-Variationen von Seite 10 dazu versuchen.

Ersetzen Sie die Paradeiser durch Feigen, Pfirsiche oder Marillen. Marinieren Sie mit Sauerrahm, abgeriebener Schale einer Bio-Zitrone, Salz und Pfeffer. Ein paar Scheiben Prosciutto dazu … köstlich!

★ ★ ☆ Anfänger

# LACHSFORELLEN-CEVICHE MIT SCHNITTLAUCH-ÖL

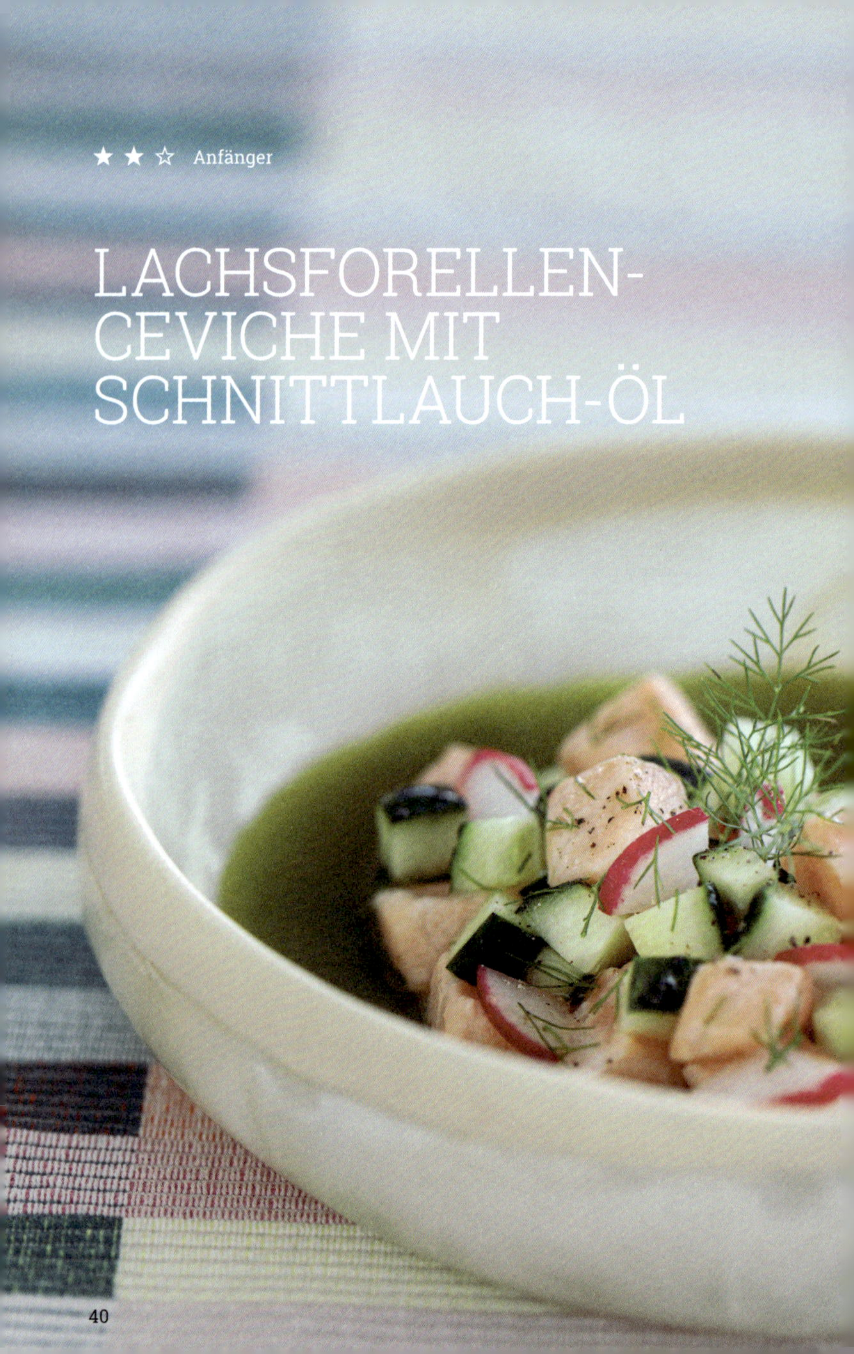

20 dag Lachsforellenfilet
1 Bio-Zitrone
2 Mini-Gurken
½ Bund Radieschen
Dillspitzen zum Garnieren
Salz, Pfeffer

Schnittlauch-Öl:
8 dag Schnittlauch, grob gehackt
5 dag Blattspinat
100 ml Rapsöl
Eiswürfel

---

Schnittlauch und Spinat in kochendes Wasser geben und 2 Minuten blanchieren. Abgießen, abschrecken und sofort mit Eiswürfeln bedecken, damit die Farbe erhalten bleibt. Die Kräuter gut ausdrücken, hacken und mit dem Öl im Standmixer mixen. Durch ein feines Sieb abseihen und in eine sterile Flasche füllen. Es ist im Kühlschrank etwa 2–3 Monate haltbar.

Die Haut vom Fisch mit einem scharfen Messer abziehen. Noch vorhandene Gräten entfernen und das Fischfilet in Würfel schneiden.

Ein wenig Schale von der Zitrone in eine Schüssel reiben, Zitronensaft hineinpressen und die Fischwürfel darin 10–15 Minuten ziehen lassen. Dadurch wird der Fisch kalt gegart. In dieser Zeit die Gurken in kleine Würfel, die Radieschen in Scheibchen schneiden.

Fischwürfel abseihen, mit Gurke und Radieschen mischen und in tiefe Teller setzen. Salzen, pfeffern und mit abgezupfter Dille garnieren. Das Schnittlauch-Öl großzügig um die Ceviche herum angießen.

Der Kräuter beste Freunde:

# Erdäpfel

## Die können einfach gut miteinander.

Mit ihren unterschiedlichen Zubereitungsarten sind Kräuter und Erdäpfel herrlich vielfältig. Und dies, obwohl es bloß ein wenig Salz, Butter oder Olivenöl braucht, damit ein köstliches Miteinander entsteht, das fast zu delikat ist, um es „nur" als Beilage zu genießen.

## Petersil-Erdäpfel
## ohne Petersilie?

Genau diese Frage stellte ich mir, als ich im Urlaub (in fernen Landen) unsere Lieblingsbeilage zum Fisch zubereiten wollte. Probieren geht über studieren, dachte ich, und verwendete Basilikum als Ersatz. Dem skeptischen Blick meiner Familie hielt nicht nur ich stand, sondern auch das Ergebnis.

Inzwischen verwende ich allerlei verschiedene Kräuter, am liebsten Schnittlauch, Dille oder eine Mischung aus dem, was ich bei meinen Spaziergängen an Wildkräutern finde (Bärlauch, Knoblauchsrauke, Vogelmiere), manchmal ergänzt durch etwas abgeriebene Schale einer Bio-Zitrone.

Mein Geheimtipp:
Am wichtigsten ist für die „Petersil-Erdäpfel", dass die frisch geschälten, noch heißen Erdäpfel mit kalter Butter, den gehackten Kräutern und Salz erst unmittelbar vor dem Servieren vermischt werden. Ein Gedicht!

## Gekocht.
## Gestampft.
## Gegrillt.

Kochen Sie Erdäpfel je nach Sorte und Größe 20–30 Minuten, bis sie gar sind. Im Ganzen oder halbiert auf ein mit Backpapier belegtes Blech legen, mit dem Kartoffelstampfer gut andrücken, mit etwas Olivenöl bepinseln, salzen und im vorgeheizten Backrohr bei 220 °C etwa 15 Minuten grillen, bis die Spitzen knusprig braun sind.

Etwas überkühlen lassen, mit Joghurt, einem Pesto Ihrer Wahl (siehe Seite 10) sowie frischen Kräutern nappieren. Entweder als Beilage oder mit einer großen Schüssel Salat als Hauptspeise servieren.

## Rosmarin-Kartoffeln

Kleine Erdäpfel verwende ich gerne ungeschält, große geschält. Die Kochzeit hängt vom Format ab, diese wird je nach Größe 10–20 Minuten betragen, denn die Kartoffeln sollten noch nicht weich sein.

Oliven-, Raps- oder Sonnenblumenöl (je nach Geschmack) 1–2 cm hoch in einer beschichteten Pfanne erhitzen und die Erdäpfel darin langsam gleichmäßig bräunen. Erst ganz zum Schluss gerebelten Rosmarin hinzugeben, die Erdäpfel auf Küchenpapier abtropfen lassen und großzügig salzen.

## Quetschkartoffeln

In der Schale gekocht, geschält und gemeinsam mit Butter, Salz, Kümmel und Kräutern mit dem Kartoffelstampfer grob zerquetscht, ist diese Beilage flott gemacht. Sie passt zu Gemüsegerichten wie Spinat ebenso wie zu Bratwurst, Blunze oder einem deftigen Schweinskotelett.

# Schlemmen

★ ★ ☆ Anfänger

# BAVETTE MIT HOPFENSPROSSEN

4 Portionen

1 Bund Hopfensprossen
40 dag Bavette, Linguine oder Spaghetti
3 EL Sonnenblumenkerne
7 dag Speck, gewürfelt

Kräuter-Sauce:
1 Bund Petersilie
1 Bund Schnittlauch oder Schnittknoblauch
200 ml Olivenöl
1 TL Zitronensaft
Salz, Pfeffer

---

Für die Sauce die Petersilie mitsamt den Stängeln grob hacken, Schnittlauch bzw. Schnittknoblauch mit dem Olivenöl sowie etwas Salz und Zitronensaft im Standmixer pürieren. Wenn die Masse zu dickflüssig ist, etwas Öl hinzufügen.

Die Hopfensprossen in etwa 3–4 cm lange Stücke schneiden und in Salzwasser 3 Minuten blanchieren. Gut abschrecken, damit sie die Farbe behalten. Die Pasta al dente kochen. Währenddessen die Speckwürfel knusprig braten und die Sonnenblumenkerne ohne Fett in einer Pfanne bräunen.

Die heißen Nudeln nach dem Abgießen zurück in den Topf geben und mit den Hopfensprossen vermischen. Speckwürfel und Sonnenblumenkerne gemeinsam mit der Kräuter-Sauce zur Pasta geben und gut durchrühren.

Für die Sauce können Sie auch Knoblauchsrauke verwenden, diese wächst zur gleichen Zeit wie die Hopfensprossen – ebenso an Feldrainen, am Waldrand oder als vermeintliches „Unkraut" im Garten.
Statt Hopfensprossen passt auch grüner Spargel oder Stangen-Brokkoli.

# PASTA MIT RUCOLA-MANDEL-PESTO

4 Portionen

40 dag Spaghetti oder Linguine
30 dag Kirschparadeiser

Pesto:
5 dag Rucola
5 dag Petersilie oder Basilikum
10 dag Mandeln, geschält
5 dag Parmesan, gehobelt
200 ml Olivenöl
½ Bio-Zitrone
Salz und Pfeffer

---

Rucola und Basilikum grob hacken, zusammen mit dem Öl, den Mandeln, dem Saft sowie der abgeriebenen Schale der Zitrone, dem Parmesan und den Gewürzen im Standmixer pürieren. Wenn das Pesto zu dickflüssig ist, etwas Öl hinzufügen.

Die Pasta al dente kochen. In der Zwischenzeit die Paradeiser halbieren. Beides in eine große Schüssel geben, drei Viertel des Pestos hinzufügen und mit der Hand durchmischen, dabei die Paradeiser etwas anquetschen, damit der Saft herausrinnt.

Das restliche Pesto dazu servieren sowie – je nach Gusto – grob gehobelten Parmesan.

# GEGRILLTE LAMMRIPPERL MIT CHIMICHURRI

1 Lammrippe (etwa 70 dag)
1–2 EL Senf
Salz

Chimichurri:
1 Bund Petersilie
½ Bund Minze
½ rote Zwiebel, fein gewürfelt
½ scharfer Pfefferoni
½ Zitrone (Saft)
2 EL Weinessig
1 TL Zucker
5 EL Olivenöl
Salz, Pfeffer

---

Das Backrohr auf 230 °C Ober- und Unterhitze vorheizen. Die Fettschicht auf der Rippe je einmal längs und einmal quer einschneiden. Das Fleisch auf beiden Seiten gut einsalzen. Beidseitig mit Senf einstreichen und mit der eingeschnittenen Seite nach oben auf ein mit Backpapier belegtes Blech legen. Im Backrohr 40–45 Minuten knusprig braun grillen. (Die Dauer hängt von Ihrem Gerät ab.) Die Temperatur auf 80 °C reduzieren und 15 Minuten rasten lassen. Vor dem Servieren eventuell nochmals nachgrillen, damit die Oberseite schön knusprig ist.

Für die Würzsauce, die ursprünglich aus Argentinien stammt, Essig mit Zitronensaft und Zucker mischen, die Zwiebel darin einlegen. 10 Minuten ziehen lassen. Petersilie mitsamt den Stängeln fein hacken, ebenso die Minz-Blätter. Je nach Gusto und Verträglichkeit ein Stück scharfen Pfefferoni entkernen und klein schneiden. Alles miteinander vermischen.

Die Ripperl mit Chimichurri servieren. Übrig gebliebene Sauce ist im Kühlschrank bis zum nächsten Tag haltbar. Sie können diese auch als Salatmarinade wiederverwerten.

★ ★ ☆  Anfänger

# GLACIERTE
# HENDERLKEULEN MIT
# KRÄUTER-SALAT

6 Unterkeulen vom Henderl

6 EL süße Sojasauce

1 TL Honig

1 TL Paprikapulver süß

1 Messerspitze Raz el Hanout

½ TL Kreuzkümmel

Salz

Gomasio oder gerösteter Sesam

Kräuter-Salat:

je 1 Bund Petersilie und Koriander

15 dag Kirschparadeiser

2 kleine Gurken

1 EL Weinessig

1 TL Limetten- oder Zitronensaft

3 EL Olivenöl

Salz, Pfeffer

---

Die Henderlkeulen mit allen anderen Zutaten mindestens ½ Stunde in einer Auflaufform zugedeckt bei Zimmertemperatur marinieren. Das Backrohr auf 200 °C vorheizen. Die Temperatur auf 180 °C reduzieren und das Fleisch zunächst 20 Minuten bei Ober- und Unterhitze, danach weitere 10 Minuten bei 150 °C Heißluft garen.

Für den Salat die Kräuter mitsamt den Stängeln fein hacken, Paradeiser halbieren, die Gurken halbieren und in Scheiben schneiden. Alles vermischen und mit den weiteren Zutaten marinieren.

Zum Servieren die Keulen nochmals mit der eingedickten Soße übergießen und mit geröstetem Sesam oder Gomasio bestreuen.

Gomasio ist ein japanisches Gewürz. Sie können es ganz einfach selbst herstellen: Sesam (hell oder schwarz oder gemischt) ohne Fett in der Pfanne rösten. 5 Teile Sesam mit 1 Teil Meersalz vermischen. Mit einer Salzmühle reiben.

★ ★ ☆ Anfänger

# MUSCHEL-PASTA MIT WILDKRÄUTERN

4 Portionen

30–40 dag Wildkräuter
25 dag Ricotta
½ Bio-Zitrone (Abrieb)
30 dag Conchiglioni (Muschel-Pasta)
1 Dose Pelati (geschälte Paradeiser)
1 Handvoll Oregano
1 EL Olivenöl
Salz, Pfeffer, Muskatnuss

---

Als Wildkräuter eignen sich Brennnessel, Bärlauch, Giersch, Guter Heinrich, Knoblauchsrauke – oder natürlich eine Mischung davon –, was immer Sie zum Beispiel bei einem Spaziergang finden oder in Ihrem Garten als Beikraut wächst. Selbstverständlich können Sie auch Spinat verwenden.

Das Grünzeug in kochendem Salzwasser blanchieren, abschrecken, gut ausdrücken und klein hacken. Mit Salz, Pfeffer, einer Messerspitze geriebener Muskatnuss, geriebener Zitronenschale und dem Ricotta gut vermischen.

Die Pasta al dente kochen. Paradeiser würfelig schneiden und Oregano klein hacken, mit Olivenöl, Salz und Pfeffer vermischen und in eine Auflaufform geben. Die Pasta mit der Ricottamasse füllen und auf die Sauce setzen. Im vorgeheizten Backrohr bei 200 °C Ober- und Unterhitze etwa 20–25 Minuten backen. Je nach Gusto mit Parmesan servieren.

# Naschen

# ROSMARIN-PANNA COTTA

4 Portionen

½ l Schlagobers
2–3 Zweige Rosmarin
5 dag Kristallzucker
2 Blatt Gelatine

Karamellsauce:
1 EL Kristallzucker
1 TL Butter
⅛ l Schlagobers
Salz

---

Das Schlagobers mit dem Rosmarin und dem Zucker 5 Minuten leicht köcheln lassen. Die Gelatine in kaltem Wasser einweichen.

Das Obers vom Herd nehmen, abseihen und die ausgedrückte Gelatine einrühren. Dessertgläser mit Wasser ausspülen und die Creme einfüllen. Die Förmchen zudecken und mindestens 6 Stunden kühl stellen.

Kristallzucker in einem kleinen Topf karamellisieren lassen, Butter hinzufügen und mit Obers ablöschen. Wenn Sie den Rosmaringeschmack auch in die Karamellsauce bringen möchten, einfach einen kleinen Zweig in der Sauce ziehen lassen und vor dem Anrichten wieder entfernen. Sauce langsam dick einkochen lassen und mit einer Messerspitze Salz würzen.

Die Gläser aus der Kühlung nehmen, kurz in heißes Wasser tauchen und auf Teller stürzen. Wenn sich die Panna Cotta nicht vom Glas löst, mit einem Messer den Glasrand entlangschneiden, dann sollte es klappen. Mit frischen Beeren garnieren und mit der Karamellsauce nappieren.

# KARAMELLISIERTE FRÜCHTE MIT MINZ-JOGHURT

2 Pfirsiche
4 Marillen
Feinkristallzucker zum Eintauchen

Minz-Joghurt:
⅛ l griechisches Joghurt
⅛ l Naturjoghurt
2–3 EL Minz-Sirup
Minze zum Garnieren

---

Die Früchte halbieren und mit der Innenseite in Kristallzucker tauchen.
Etwa 5 Minuten ziehen lassen und nochmals in den Zucker tauchen. Eine
beschichtete Pfanne erhitzen und die Früchte mit der gezuckerten Seite
nach unten in die Pfanne legen. Warten, bis der Zucker zergeht, karamelli-
siert und die Früchte gar ziehen. Pfanne vom Herd nehmen.

Joghurt mit dem Minz- oder einem anderen Kräuter-Sirup mischen und mit
den noch warmen Früchten servieren.

Wenn Sie keinen Kräuter-Sirup haben, halten Sie frische Minze kurz
unter heißes Wasser (aus der Leitung), trocknen diese ab und hacken
sie fein. Gemeinsam mit etwas Zitronensaft, Staubzucker und dem
Joghurt vermischen – fertig!

Probieren Sie das Karamellisieren auch mit anderem Obst, zum Beispiel
Zwetschken, Ringlotten, Ananas, Äpfeln oder Birnen. Sie werden über-
rascht sein: Früchte, Joghurt und Kräuter sind eine tolle Kombination!

# OBSTKUCHEN MIT THYMIAN

8–10 Portionen

18 dag Butter, kalt
22 dag Mehl
10 dag Staubzucker
3 EL Walnüsse, gerieben
2 EL Thymian, gerebelt
1 Prise Salz
¾–1 kg Zwetschken und Ringlotten
1–2 EL Kristallzucker oder Honig
Staubzucker zum Bestreuen

---

Kalte Butter in Stücke schneiden und gemeinsam mit Mehl, Zucker, Nüssen, Thymian und Salz in der Küchenmaschine mit dem Knethaken zu einem Mürbteig verarbeiten.

Das Backrohr auf 190 °C vorheizen. Den Teig auf ein mit Backpapier belegtes Blech legen und ein weiteres Blatt Backpapier obendrauf legen. So lässt sich der Teig gut ausrollen. Er sollte etwa ½ cm hoch sein, aber er muss weder kreisrund sein noch das Blech regelmäßig ausfüllen. Das obere Backpapier weggeben und den Teig 10 Minuten vorbacken.

Währenddessen die Früchte vorbereiten. Je nach Geschmack wählen Sie, was die Jahreszeit hergibt. Steinfrüchte entkernen und in mundgerechte Stücke schneiden, Kernobst sollten Sie zusätzlich schälen. Beeren lassen Sie im Ganzen. Alles mit etwas Zucker (wahlweise Honig) vermischen und den Teig damit bedecken. Weitere 25 Minuten backen und am besten noch lauwarm mit Vanilleeis servieren.

Der Kräuter beste Freunde:

# Brote, Bruschette, Crostini

## Kräuter.
## Butter.
## Brot.

Ob es eine Wiederbelebungsmaß-
nahme für einen weißen Wecken
vom Vortag ist oder eine geplante
Beilage, zum Beispiel zu Fondue
oder Gegrilltem: Ich bin sicher,
von dieser Kombination aus
knusprigem Weißbrot, Butter, Salz
und Kräutern können weder Sie
noch Ihre Gäste genug bekommen!

Das Beste dran ist, dass dieses
Kräuter-Baguette so einfach zuzu-
bereiten ist: Zimmerwarme Butter
mit Kräutern und Salz vermischen, eventuell noch gehackten
Knoblauch dazu und schon können Sie die Füllung in den eingeschnittenen Wecken streichen.
Der kommt für 10 Minuten bei
180 °C Ober- und Unterhitze ins
vorgeheizte Backrohr.

Wenn ich es besonders eilig habe,
klappe ich die Brotschlitze etwas
auseinander, drücke die kalten
Butterstücke mit Kräutern hinein.
Ein wenig darübersalzen und ab
in den Ofen!

## Wie jetzt: Bruschetta oder Crostino?

Obwohl der italienischen Sprache zumindest in Sachen Kulinarik durchaus mächtig, war mir der Unterschied zwischen den beiden Dauergästen in der Antipasto-Abteilung italienischer Speisekarten lange nicht klar. Nun aber habe ich für Sie recherchiert:

Das Brot einer Bruschetta wird geröstet, bevor es belegt wird. Crostini hingegen werden zuerst belegt und danach gebacken. Sagen die einen. Die anderen meinen, Bruschette seien große Brotscheiben, Crostini hingegen kleine Häppchen. Tja, ich finde: Hauptsache, sie sind knusprig und schmecken!

Dazu braucht es nicht viel: Weiß- oder Schwarzbrot, Olivenöl und Salz sind die Grundzutaten, alles andere richtet sich nach Ihrem Gusto. Kräuter bringen nicht nur Frische und geschmackliche Abwechslung in die kleinen Brote, sie machen auch optisch einiges her.

## Viel Aroma.
## Wenig Aufwand.

Um die frisch getoasteten Brotscheiben zu aromatisieren, sollten
Sie diese noch warm mit etwas
Olivenöl einpinseln oder beträufeln. Selbst angesetztes Kräuter-
oder Knoblauchöl leistet da natürlich besonders gute Dienste. Ein
wenig Salz dazu, dann ist schon
der erste köstliche Snack fertig.

Wenn Sie die Brotscheiben
danach noch mit einer aufge-
schnittenen Knoblauchzehe oder
einer Paradeiserhälfte einreiben,
kommt ohne großen Aufwand ein
tolles Aroma ins Spiel. Mit frisch
gehacktem Oregano oder Basilikum bestreut – einfach köstlich!

## Rosmarin-Öl

Ein paar Zweige Rosmarin an einem sonnigen, trockenen Tag ernten und in eine sterile Flasche geben. Mit hochwertigem Olivenöl so auffüllen, dass das Kraut komplett bedeckt ist. Etwa eine Woche ziehen lassen, dann den Zweig entfernen. Für Knoblauch-Öl verwenden sie geschälte, halbierte Knoblauchzehen.

## Bohnen.
## Speck.
## Oregano.

Cannellini-Bohnen mit gehacktem Oregano, Olivenöl, Salz und Piment d'Espelette (oder Pfeffer) vermischen. Auf getoastete Weißbrotscheiben geben und mit hauchdünnen Scheiben Lardo (ersatzweise Guanciale, Pancetta oder Bauchspeck) belegen und bei 200 °C im vorgeheizten Backrohr 6–8 Minuten backen, bis der Speck schmilzt.

## Mozzarella.
## Sardellen.
## Pesto.

Schwarzbrotscheiben knusprig toasten und mit Olivenöl bepinseln. Mit einer Scheibe Büffelmozzarella und einem Sardellenfilet belegen und etwas Pesto darüber träufeln.

## Ziegenkäse.
## Wildkräuter.
## Parmesan.

Gemischte Wildkräuter wie Bärlauch, Brennnessel, Grüner Heinrich, Giersch, Rauke oder ersatzweise Spinat in einer Pfanne bei mittlerer Hitze zusammenfallen lassen, mit Salz, Pfeffer und etwas Olivenöl würzen. Knusprig getoastete Schwarzbrotscheiben mit Ziegenkäse bestreichen, mit den noch lauwarmen Wildkräutern belegen und Parmesan sowie etwas Schale einer Bio-Zitrone darüber reiben.

# REGISTER